TEXTO E ILUSTRACIONES:

Diana Jean Donald Liebisch

ISBN 978-956-398-886-4

Dedicado a mis tres hijos

Laura, Juan Pablo y Daniel.

CÓMO ES CHESTER

Entre su familia de patos, Chester no es un pato común y corriente, yo más bien diría, que es un pato muy especial.

Se distingue por ser juicioso y ordenado, siempre hace caso a sus padres y además, colabora mucho en casa.

Pero hay algo muy importante que aún le falta por aprender y es A SER PUNTUAL.

Para Chester media hora más o media hora menos es exactamente lo mismo.

Lo interesante de esta historia, es que su abuelo, el cual vino de muy lejos, de un lugar donde la puntualidad es su

mamente importante, quisiera más que nada en este mundo, que su Chester fuera muy puntual.

Chester y su abuelo discuten con frecuencia cada vez que este se retrasa.

Chester no entiende porque él se afana tanto por llegar a tiempo.

¿Qué son unos pocos minutos de retraso, en la

vida de un pato? piensa a menudo.

Pero Chester, está a punto de aprender una lección muy importante, que lo va a hacer cambiar de parecer.

Chester tiene la costumbre al igual que sus padres, de usar una bufanda a cua

dros en época de invierno.

Pero nunca se ha imaginado la historia de esa bufanda y menos aún, que se la hubieran enviado de un lugar tan bonito y lejano como Escocia.

Una tierra donde la puntualidad, es una gran virtud.

Él no ha salido muy lejos de casa, lo más lejos donde ha ido es al lago a visitar a su amigo Lalo, o donde su amiga Abby en la colmena de las abejas que está en la colina.

A Chester con frecuencia su abuelo le cuenta algo sobre Escocia, sus historias le parecen fascinantes y le divierten mucho.

Últimamente ha oído decir a sus padres,

que pronto se irían de vacaciones a esa tierra lejana a visitar una tía abuela.

LA NOTICIA DEL VIAJE

Un día, alguien tocó a la puerta de su casa, era el señor Ardilla.

Su madre lo recibió y él le entregó un sobre, con unos papeles importantes que saco de su mochila.

Ella revisó su contenido, le firmó algunos documentos y después de un rato, lo acompañó a la puerta y dándole las gracias, se despidió de él.

Chester tenía mucha curiosidad, quería preguntar a su madre qué contenía aquel sobre, pero en ese momento, llegó su padre del trabajo y no pudo.

Llegó puntual como siempre, porque al igual que su abuelo, su padre era muy puntual.

"Hola familia" dijo al entrar.

¿Trajeron el sobre que estábamos esperando?

Chester seguía preguntándose:

¿Qué tendrá ese sobre tan importante?

Así que después de recibir a su padre, no aguantó más su curiosidad y le preguntó qué era lo que contenía.

"Unos pasajes para ir a Escocia" le contestó su padre.

¿Pasajes?

"Sí, nos vamos a donde la tía Emily" continuo su padre

Ambos le explicaron que se irían a la casa de la tía Emily, la hermana de su abuelo, quien vivía en Escocia.

Chester apenas podía creerlo, sería la primera vez que viajaría en un avión.

EL VIAJE.

Al día siguiente, ayudó a sus padres a organizar las maletas, pues tendrían que estar en el aeropuerto temprano en la mañana, muy puntuales, para tomar el avión que los llevaría hasta donde la tía Emily.

"Los aviones no te esperan, si llegas tarde, te dejan" le dijo su madre.

Pero Chester aún no terminaba de empacar sus maletas, dejó todo para el último minuto como siempre, por andar jugando.

"Apúrate Chester" le repetía su madre.

"Apúrate Chester" le insistía su padre también.

"Ya voy, ya voy, no se afanen tanto" respondía Chester y seguía divirtiéndose con sus autos.

Pero tal parece, que se le había olvidado lo que le advirtieron tanto su madre y su padre.

Al llegar al aeropuerto, por más que corrieron, era tarde, demasiado tarde y el avión había partido sin ellos rumbo a Escocia.

"Te fijas Chester, los aviones no esperan" volvió a recordarle su padre, esto ocurre cuando uno no es puntual.

¿Y ahora que vamos a hacer?

Chester estaba muy triste, tenía muchas ganas de haber partido en ese avión, pero había llegado tarde y ya nada se podía hacer.

Su padre habló con varias personas, hasta que logró conseguir otros cupos en un avión más pequeño, el cual partiría seis horas después.

Chester estaba desesperado, tendría que esperar seis largas horas.

Subió y bajó las escaleras eléctricas en el aeropuerto unas cincuenta veces, hasta que por fin, pasaron las seis largas horas y llamaron para

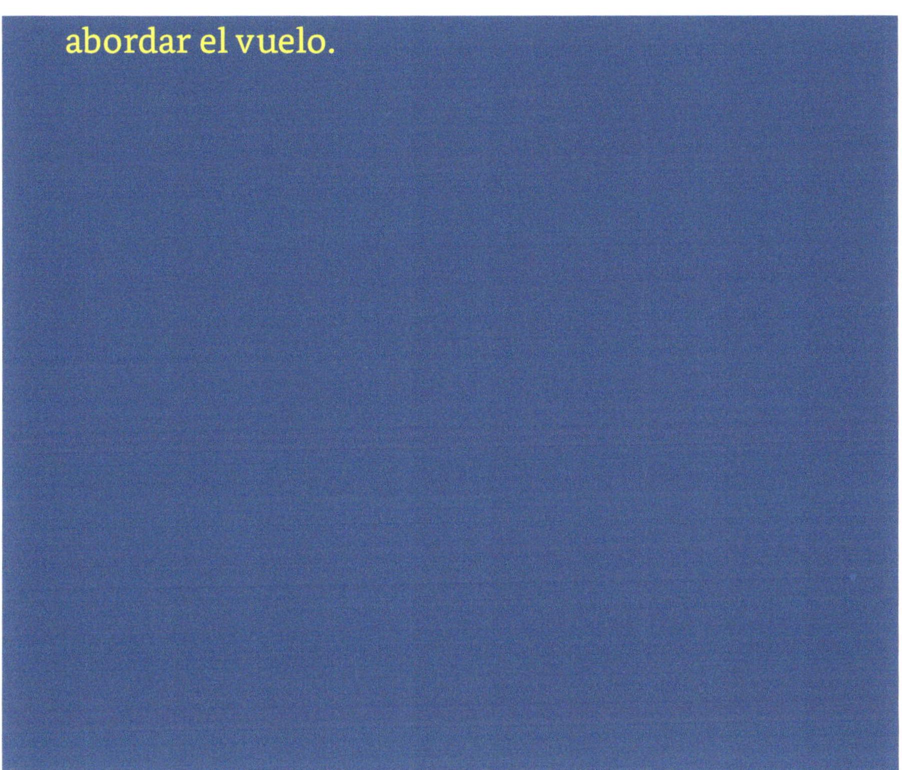
abordar el vuelo.

ESCOCIA.

Hacía frio y el día estaba muy nublado, la tía Emily había salido a recibirlos al aeropuerto en compañía de sus dos hijos: Ian Mac Cuack y Jean Mac Cuack.

Ambos tenían casi la misma edad de Chester, Tenían un graznido algo diferente, lo cual a Chester le parecía genial. Él no había conocido antes a sus primos, así que fue un día muy especial.

Al día siguiente la tía Emily llevó a Chester y a sus padres a conocer un poco el lugar. Les enseñó que allá los patos son muy puntuales, siempre llegan a tiempo y nunca dejan esperando a los demás.

Y cuál no sería la sorpresa de Chester cuando comenzó a ver que usaban bufandas idénticas a las que él y sus padres tenían para el invierno, lo único que cambiaba y las diferenciaba una de otra, eran los diferentes colores.

Chester se dio cuenta de inmediato, que la suya venía del mismo lugar.

NESSIE.

L uego fueron al lago de Loch Ness, en donde todos aseguran que vive el monstruo llamado Nessie, desde hace muchos años.

Chester no cree en monstruos, así que se acercó con sus primos a la orilla del lago, para tocar el agua.

"Está helada" dijo.

De pronto sintieron un rugido muy extraño!!

"Es Nessie"

gritaron Ian y Jean Mac Cuack .

"Corran"

"Socorrrrrrrrrrrooooooooooo"

Efectivamente, era nada menos que Nessie, pero a diferencia de lo que todos dicen, Nessie resultó ser una criatura muy simpática.

Parecía un gusano gigante!!

No tardaron mucho en hacerse amigos y pronto estaban los cuatro jugando en el lago, como si hubieran sido siempre amigos.

Se deslizaron por entre sus curvas y se divirtieron como nunca.

Chester le contó que él no era muy puntual y por eso, lo había dejado el avión cuando partió su viaje rumbo a Escocia, pues no había llegado a tiempo.

Nessie le dijo que tenía que cambiar, o se iba a perder de muchas cosas importantes.

Al despedirse, Nessie prometió escribirle a Chester y Chester prometió escribirle a Nessie.

Nessie les recordó nuevamente a Chester y sus primos, la importancia de llegar a tiempo, más aún cuando éstos, tenían antepasados Británicos.

Los hermanos Mac Cuack, los cuales tampoco eran muy puntuales y Chester prometieron intentarlo.

Lágrimas salieron de los ojos de Chester y de Nessie al despedirse, se dieron un abrazo grande, estaban seguros de que iban a extrañarse mutuamente.

TÉ A LAS CINCO EN PUNTO

Alan el esposo de la tía Emily, tenía un castillo precioso a la orilla de un lago, así que una tarde invitaron a varios de sus amigos a tomar el té, en compañía de Chester y su familia.

"Tiene que ser a las cinco en punto" le explicó su tía, así lo toman los patos Británicos.

Así que Chester estuvo muy puntual, por primera vez en su vida.

Lo mejor de todo eran esas bandejas llenas de galleticas de todos los colores y sabores. Como había llegado puntualmente, pudo saborearlas todas.

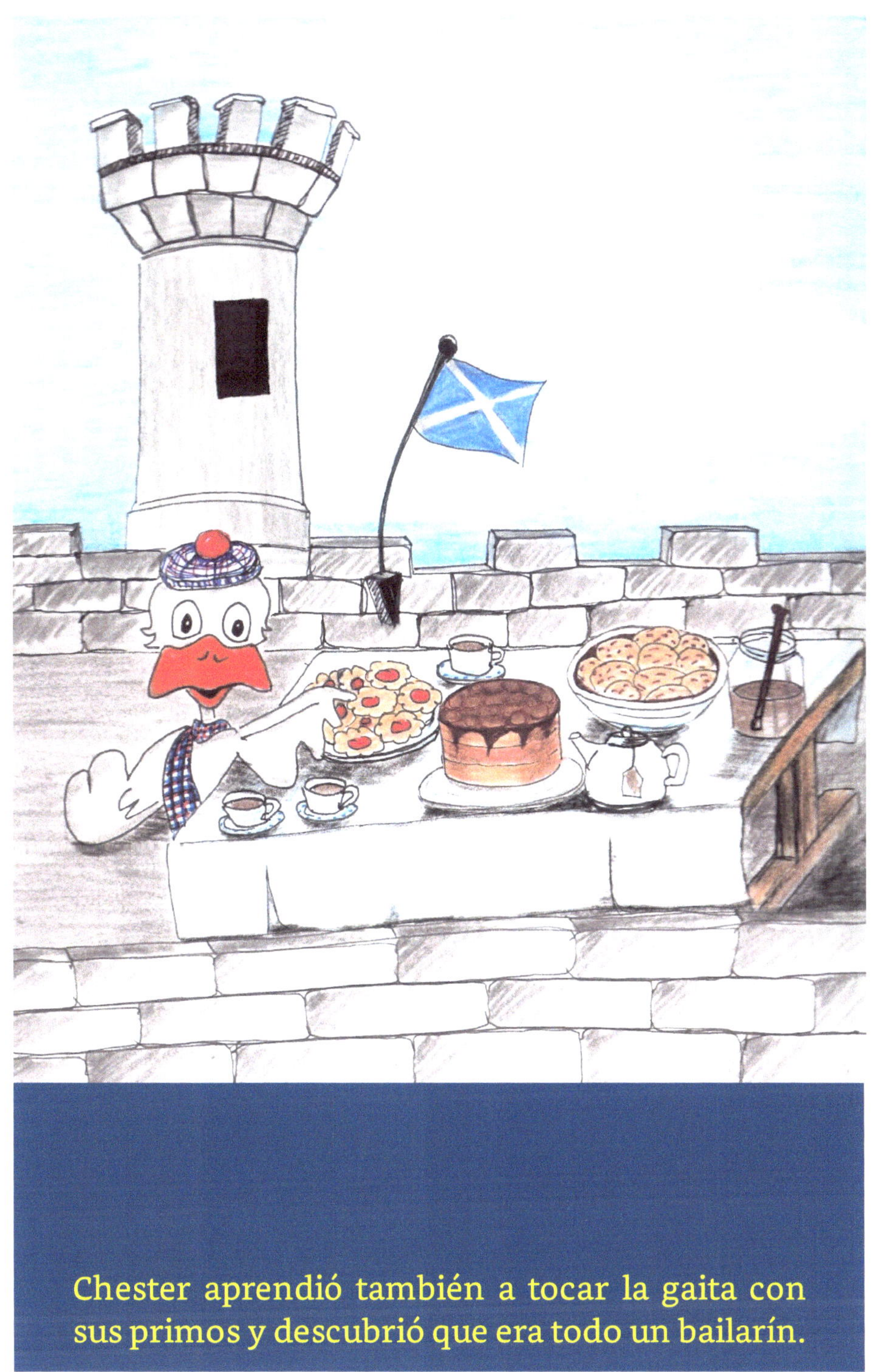

Chester aprendió también a tocar la gaita con sus primos y descubrió que era todo un bailarín.

Las gaitas son como unas grandes bolsas, que contienen unos tubos por los cuales se sopla aire con la boca, al comprimirlas producen un sonido maravilloso y muy especial.

El viaje a Escocia fue para Chester y sus padres una experiencia maravillosa, nunca en su corta vida como pato había imaginado algo igual.

Tampoco había entendido por qué era tan importante ser puntual.

Pero ahora, luego de conocer a su familia y de haber estado con Nessie, no le cabía la menor duda que debía esforzarse por llegar a tiempo.

Las vacaciones siempre acaban y aunque Chester había aprendido a hablar con un graznido parecido al de sus primos, había llegado la hora de regresar a casa.

EL REGRESO A CASA

Así que después de agradecer a la tía Emily, al tío Alan y a sus primos Ian y Jean, tomaron el avión de regreso a casa.

Chester no paraba de hablar en el viaje de regreso, recordaba todo lo que había hecho y los lugares que había conocido.

Al llegar a su casa, Chester les contó a sus amigos Lalo y Abby, la experiencia tan maravillosa que había tenido y les enseño porqué ellos también debían ser puntuales.

Chester había tomado algunas fotos de recuerdo, así que sus amigos pudieron conocer un poco ese lugar maravilloso, al cual Chester y sus padres habían ido de vacaciones.

Ahora Chester era un pato algo diferente.

Al igual que al comienzo de esta historia, Chester siguió siendo juicioso y ordenado, les hace caso a sus padres y colabora mucho en casa, pero ahora además de ello, Chester es un pato muy puntual.

Había entendido por fin, el legado que le dejaron sus antepasados Británicos.

Fin